인사말

- 최정금 소장 -
('EBS 60분 부모- 스스로 공부하는 아이' 공동 저자)

심리학습클리닉 현장의 오랜 경험을 바탕으로 〈최정금 소장의 초등집중력 높이기 30일 1-6학년〉 1단계, 2단계를 출간하여 아이들과 학부모들의 큰 호응을 받았습니다. 1단계에서는 〈EBS 60분 부모〉, 〈MBC 우리아이 뇌를 깨우는 101가지 비밀 시즌2〉에서 소개했던 "모눈종이 따라 색칠하기"에 "빠진 곳 찾아 스티커 붙이기" 활동을 덧붙였고, 2단계에서는 모눈종이 칸을 하나씩 변형하여 난이도를 높였고 초등 자녀들이 한글을 즐겁게 익히고 다져 나갈 수 있도록 한글 조합 활동을 더하였습니다. 3단계는 〈최정금 소장의 초등집중력 높이기 30일〉 완결판으로 "집중력+수학"이라는 테마로 수, 연산, 도형, 통계를 익힐 수 있도록 구성하였습니다. 아이들의 집중력을 향상시키는 것을 돕기 위해 지난 15년 동안 현장에서 꾸준히 활용하여 그 효과가 검증된 활동을 더 많은 아이들이 가정이나 학교, 유치원, 어린이집, 상담센터 등 교육현장에서 할 수 있게 되어 참으로 기쁜 마음입니다. 화이팅!

최정금소장은...
현 최정금학습클리닉 소장으로 EBS TV 〈60분 부모〉 심리학습클리닉 전문가, EBS TV 다큐멘터리 〈모성탐구 3부작〉 "엄마가 달라졌어요" 제 2부 - "엄마 바꾸기" 자문위원, KBS 수요기획 〈10분의 기적〉 학습클리닉 전문가로 활동하였고, MBC 우리 아이 뇌를 깨우는 101가지 비밀 시즌2 '뇌깨비야 놀자' 자문위원으로 활동하였습니다. 저서로는 〈EBS 60분 부모- 스스로 공부하는 아이, 2007〉, 〈엄마와 함께 하는 학습놀이, 2008〉, 〈집중력을 높이는 유아놀이, 2009〉, 〈자기주도 학습, 2012〉 1,2,3권 시리즈 등이 있습니다.

〈최정금 소장의 초등집중력 높이기 30일〉 구성 (1~6학년 3단계)

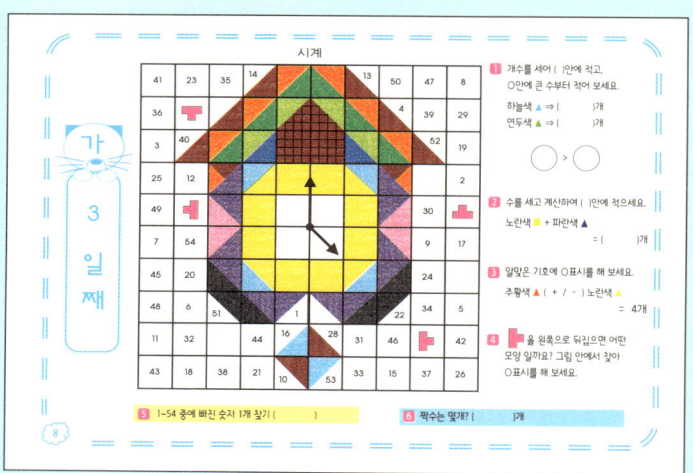

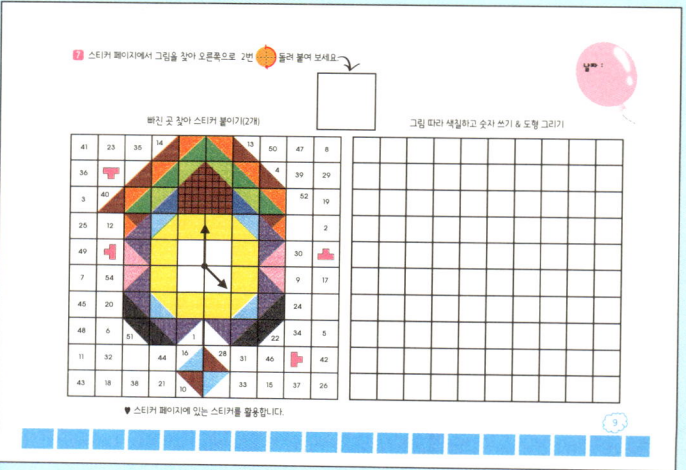

1. 수 세기 / 크기 비교하기 / 연산 하기
   1) 제시된 모양의 색깔 개수를 세고 큰 수부터 ○ 안에 적기
      하늘색 ▲ ⇒ (6)개
      연두색 ▲ ⇒ (4)개   ⑥ > ④
   2) 제시된 모양의 색깔 개수를 세어 덧셈, 뺄셈하기
      예) 2 노란색 ■ + 파란색 ▲ = (8)개
           (6개)   (2개)
   3) 제시된 모양의 색깔 개수를 세고, 식에 맞는 기호를 찾아 ○ 표시하기
      예) 3 주황색 ▲ (+ /⊖) 노란색 ▲ = 4개
           (8개)   (4개)
   4) 모눈종이 칸에 적혀있는 수를 차례대로 세어 빠진 수 찾아 적기
      (가)단계 : 1개, (나)단계 : 2개, (다)단계 : 3개
   5) 모눈종이 칸에 적혀 있는 짝수와 홀수의 개수를 세어 적기

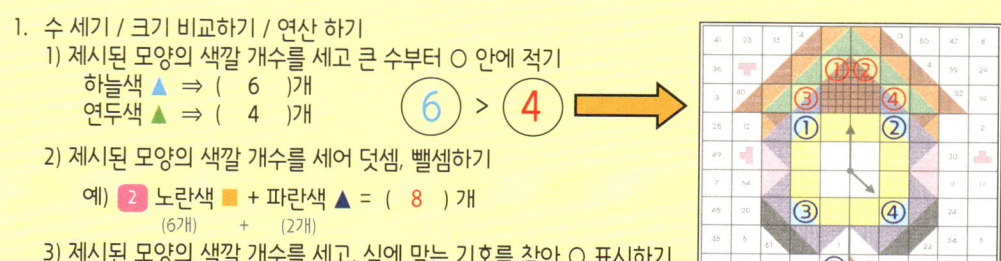

2. 도형 뒤집기 / 회전 시키기
   1) 제시한 방향으로 뒤집은 그림을 찾아 ○ 표시하기
      예) ┣ 을 오른쪽으로 뒤집으면 어떤 모양일까요? → ┫
   2) 원본 그림을 제시한 회전 방향과 회전수대로 돌려 스티커 붙이기 * p.65에 스티커가 있습니다.

3. 빠진 곳 찾아 스티커 붙이기 / * p.66에 스티커가 있습니다.
   그림 따라 색칠하고 숫자 적기
   1) 원본과 비교하여 빠진 곳에 해당 스티커 찾아 붙이기
      (가)단계 : 2개, (나)단계 : 3개, (다)단계 : 4개
   2) 원본과 똑같이 색칠하고 숫자 쓰기 & 도형 그리기

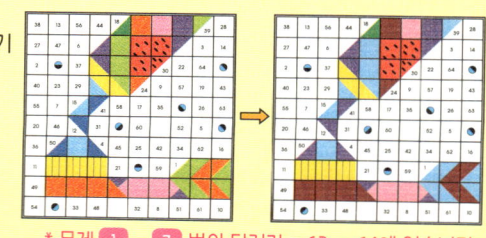

4. 색깔 바꿔 그림 완성하기
   - 제시된 지침에 따라 색깔을 바꾸어 그림을 완성
   예) 주황색⇒갈색/ 파란색⇒보라색/ 연두색⇒하늘색

* 문제 1 ~ 7 번의 답지가 p.63~p.64에 있습니다.

활동을 마친 후 별표에 색칠해 보세요.
모든 별표에 색칠이 되었을 때 <나>단계로 넘어갈 수 있는 실력이 생깁니다.

1일째	2일째	3일째	4일째	5일째
☆	☆	☆	☆	☆
6일째	7일째	8일째	9일째	10일째
☆	☆	☆	☆	☆

해바라기

28	●	15	45	35	50	22	53	11	38
44			8			20	●		34
16							14	5	29
3								41	12
37						4	46	●	27
21							13	32	2
43	7			1			56		
18	47	25	39	48	57	6			58
51	●	30		23	40	42		36	26
24	33	55	17	49	9	52		54	10

가 1일째

1 개수를 세어 ( )안에 적고, ○안에 큰 수부터 적어 보세요.

노란색 🟨 ⇒ ( )개

갈색 🟫 ⇒ ( )개

◯ > ◯

2 수를 세고 계산하여 ( )안에 적으세요.

빨간색 ▲ + 초록색 ■ = ( )개

3 알맞은 기호에 ○표시를 해 보세요.

갈색 ▲ (+ / -) 주황색 ■ = 6개

4 ● 을 오른쪽으로 뒤집으면 어떤 모양 일까요? 그림 안에서 찾아 ○표시를 해 보세요.

5 1~58 중에 빠진 숫자 1개 찾기 ( )

6 짝수는 몇개? ( )개

7 스티커 페이지에서 그림을 찾아 오른쪽으로 1번 돌려 붙여 보세요.

날짜 :

빠진 곳 찾아 스티커 붙이기(2개)

그림 따라 색칠하고 숫자 쓰기 & 도형 그리기

♥ 스티커 페이지에 있는 스티커를 활용합니다.

한복

19	35	32	3	20	12		29	33	14
26									25
31	10								2
	24							34	
15	4							8	23
	18								
7									36
22									9
									28
13		1	30	5	17	27	21	6	11

가 2 일째

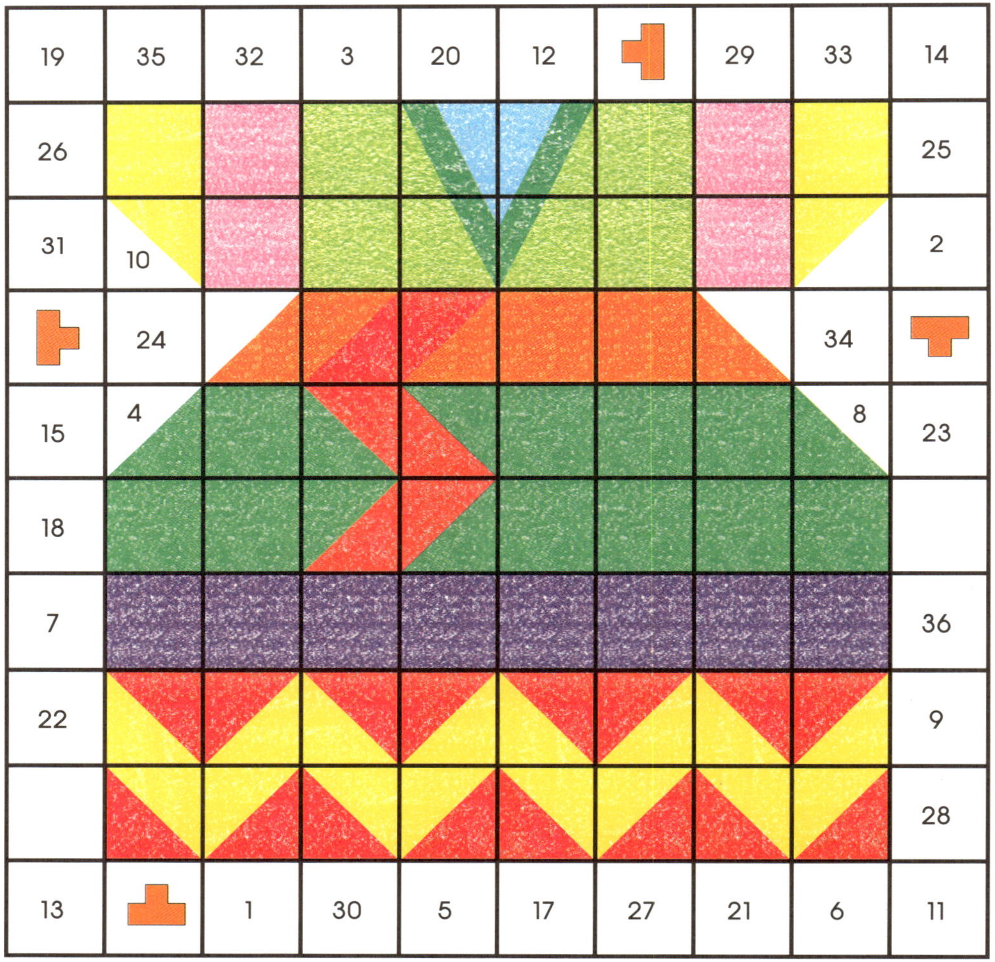

1️⃣ 개수를 세어 ( )안에 적고, ○안에 큰 수부터 적어 보세요.

보라색 ■ ⇒ (　　)개
초록색 ■ ⇒ (　　)개

◯ > ◯

2️⃣ 수를 세고 계산하여 ( )안에 적으세요.

노란색 ■ + 주황색 ▲ =
(　　)개

3️⃣ 알맞은 기호에 ○표시를 해 보세요.

연두색 ■ (+ / -) 분홍색 ■
= 8개

4️⃣ 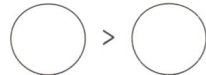 을 위로 뒤집으면 어떤 모양일까요? 그림 안에서 찾아 ○표시를 해 보세요.

5️⃣ 1~36중에 빠진 숫자 1개 찾기 (　　　)

6️⃣ 짝수는 몇개? (　　)개

7 스티커 페이지에서 그림을 찾아 왼쪽으로 1번 돌려 붙여 보세요.

빠진 곳 찾아 스티커 붙이기(2개)

그림 따라 색칠하고 숫자 쓰기 & 도형 그리기

♥ 스티커 페이지에 있는 스티커를 활용합니다.

시계

가 3일째

41	23	35	14			13	50	47	8
36							4	39	29
3	40							52	19
25	12								2
49								30	
	7	54						9	17
45	20							24	
48	6	51		1			22	34	5
11	32		44	16	28	31	46		42
43	18	38	21	10	53	33	15	37	26

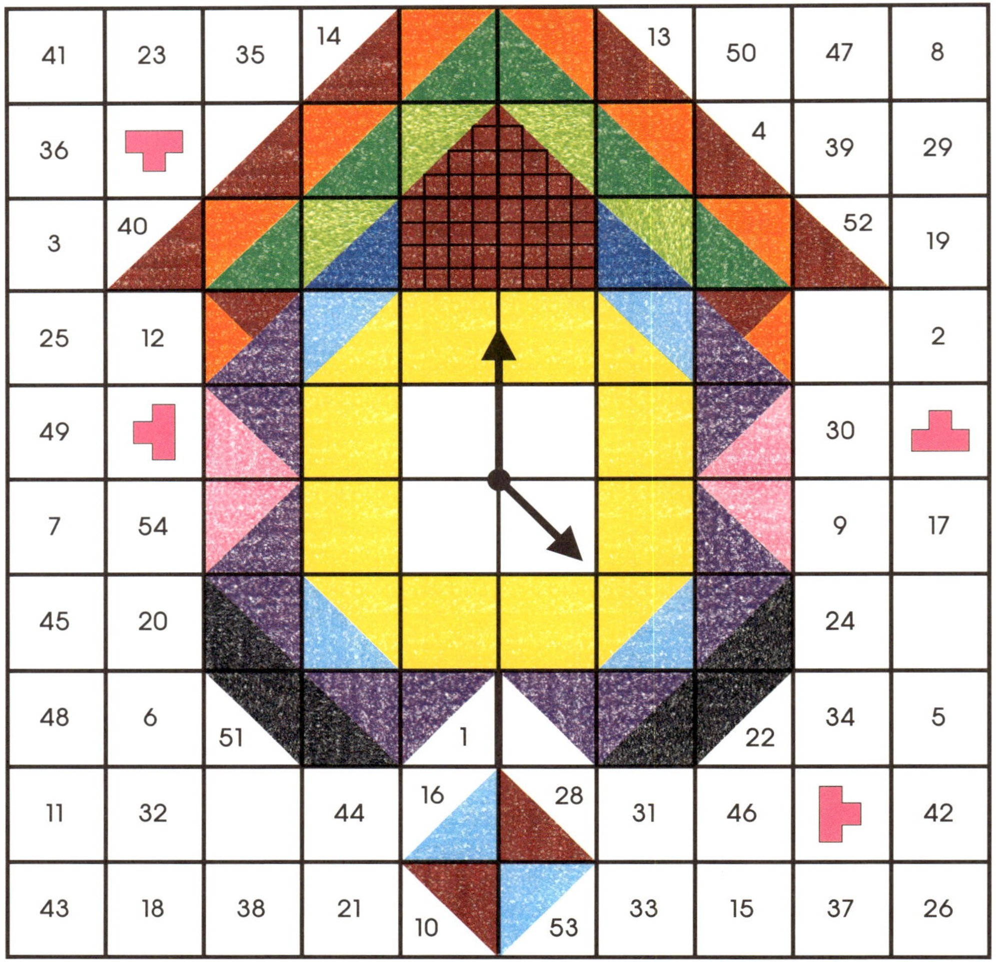

1. 개수를 세어 ( )안에 적고, ○안에 큰 수부터 적어 보세요.

 하늘색 ▲ ⇒ (　　　)개
 연두색 ▲ ⇒ (　　　)개

 ◯ > ◯

2. 수를 세고 계산하여 ( )안에 적으세요.

 노란색 ■ + 파란색 ▲
 　　　　　= (　　　)개

3. 알맞은 기호에 ○표시를 해 보세요.

 주황색 ▲ (+ / −) 노란색 ▲
 　　　　　= 4개

4. 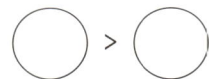 을 왼쪽으로 뒤집으면 어떤 모양 일까요? 그림 안에서 찾아 ○표시를 해 보세요.

5. 1~54 중에 빠진 숫자 1개 찾기 (　　　　)

6. 짝수는 몇개? (　　　　)개

7 스티커 페이지에서 그림을 찾아 오른쪽으로 2번 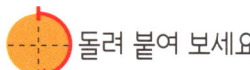 돌려 붙여 보세요.

빠진 곳 찾아 스티커 붙이기(2개)

그림 따라 색칠하고 숫자 쓰기 & 도형 그리기

♥ 스티커 페이지에 있는 스티커를 활용합니다.

칫솔과 치약

가 4일째

1. 개수를 세어 ( )안에 적고, ○안에 큰 수부터 적어 보세요.

   주황색 ▲ ⇒ ( )개
   파란색 ▲ ⇒ ( )개

   ○ > ○

2. 수를 세고 계산하여 ( )안에 적으세요.

   연두색 ▲ + 주황색 ■ = ( )개

3. 알맞은 기호에 ○표시를 해 보세요.

   보라색 ▲ (+ / −) 분홍색 ■ = 2개

4. 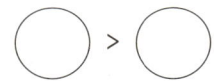을 왼쪽으로 뒤집으면 어떤 모양일까요? 그림 안에서 찾아 ○표시를 해 보세요.

5. 1~64 중에 빠진 숫자 1개 찾기 ( )

6. 짝수는 몇개? ( )개

7 스티커 페이지에서 그림을 찾아 왼쪽으로 2번 돌려 붙여 보세요.

빠진 곳 찾아 스티커 붙이기(2개)   그림 따라 색칠하고 숫자 쓰기 & 도형 그리기

♥ 스티커 페이지에 있는 스티커를 활용합니다.

낙타

1 개수를 세어 ( )안에 적고, ○안에 큰 수부터 적어 보세요.

갈색 ▲ ⇒ ( )개
주황색 ■ ⇒ ( )개

◯ > ◯

2 수를 세고 계산하여 ( )안에 적으세요.

갈색 ■ − 주황색 ▲
= ( )개

3 알맞은 기호에 ○표시를 해 보세요.

노란색 ▲ (+ / −) 연두색 ▲
= 10개

4 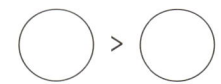을 오른쪽으로 뒤집으면 어떤 모양일까요? 그림 안에서 찾아 ○표시를 해 보세요.

5 1~52 중에 빠진 숫자 1개 찾기 ( )

6 짝수는 몇개? ( )개

가 5일째

7 스티커 페이지에서 그림을 찾아 오른쪽으로 3번 돌려 붙여 보세요.

날짜 :

빠진 곳 찾아 스티커 붙이기(2개)

그림 따라 색칠하고 숫자 쓰기 & 도형 그리기

♥ 스티커 페이지에 있는 스티커를 활용합니다.

펭귄

33	5	45			7	20	48	18	25
19						32	4		34
42						44	41	12	22
13	24	47	2					49	15
39		29				10	26	35	
1	11	31						30	8
17	38	23							27
46		21							
	28	36	3						
37	6	43	50		14	16			9

1 개수를 세어 ( )안에 적고, ○안에 큰 수부터 적어 보세요.

노란색 🟨 ⇒ ( )개
보라색 ▲ ⇒ ( )개

◯ > ◯

2 수를 세고 계산하여 ( )안에 적으세요.

노란색 ▲ - 보라색 ■
= ( )개

3 알맞은 기호에 ○표시를 해 보세요.

보라색 ■ (+ / -) 주황색 ▲
= 9개

4 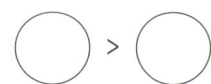 을 위쪽으로 뒤집으면 어떤 모양 일까요? 그림 안에서 찾아 ○표시를 해 보세요.

5 1~50 중에 빠진 숫자 1개 찾기 ( )

6 짝수는 몇개? ( )개

가 6일째

7 스티커 페이지에서 그림을 찾아 왼쪽으로 3번 돌려 붙여 보세요.

빠진 곳 찾아 스티커 붙이기(2개)

그림 따라 색칠하고 숫자 쓰기 & 도형 그리기

♥ 스티커 페이지에 있는 스티커를 활용합니다.

돼지

24	37	40	1	17	28	50	48	45	21
41					5	33		10	43
20						29	38		13
7					19	3	23		18
49									26
	4								6
16									12
27									34
11		39	31	2	8	32	35		14
22	44	15	47		42	46	25	9	30

가 7 일째

1. 개수를 세어 ( )안에 적고, ○안에 큰 수부터 적어 보세요.

   노란색 ▲ ⇒ (   )개
   연두색 ▲ ⇒ (   )개

   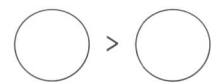

2. 수를 세고 계산하여 ( )안에 적으세요.

   분홍색 ■ - 연두색 ▲
   = (   )개

3. 알맞은 기호에 ○표시를 해 보세요.

   분홍색 ▲ (+ / -) 주황색 ■
   = 10개

4. 🌀을 위쪽으로 뒤집으면 어떤 모양 일까요? 그림 안에서 찾아 ○표시를 해 보세요.

5. 1~50 중에 빠진 숫자 1개 찾기 (   )

6. 짝수는 몇개? (   )개

7 스티커 페이지에서 그림을 찾아 오른쪽으로 4번 돌려 붙여 보세요.

빠진 곳 찾아 스티커 붙이기(2개)   그림 따라 색칠하고 숫자 쓰기 & 도형 그리기

♥ 스티커 페이지에 있는 스티커를 활용합니다.

다리

1. 개수를 세어 ( )안에 적고, ○안에 큰 수부터 적어 보세요.

   검은색 ▲ ⇒ (　　　)개
   주황색 ▲ ⇒ (　　　)개

   ○ > ○

2. 수를 세고 계산하여 ( )안에 적으세요.

   갈색 ■ - 초록색 ▲
   　　　　　　= (　　)개

3. 알맞은 기호에 ○표시를 해 보세요.

   연두색 ▲ (+ / -) 검은색 ■
   　　　　　　= 3개

4. 을 왼쪽으로 뒤집으면 어떤 모양일까요? 그림 안에서 찾아 ○표시를 해 보세요.

5. 1~49 중에 빠진 숫자 1개 찾기 (　　　　)

6. 짝수는 몇개? (　　　　)개

가 8일째

7 스티커 페이지에서 그림을 찾아 왼쪽으로 4번 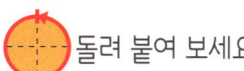 돌려 붙여 보세요.

빠진 곳 찾아 스티커 붙이기(2개)   그림 따라 색칠하고 숫자 쓰기 & 도형 그리기

♥ 스티커 페이지에 있는 스티커를 활용합니다.

색깔 바꿔 그림 완성하기
(노란색 ⇒ 분홍색 / 주황색 ⇒ 보라색 / 갈색 ⇒ 하늘색)

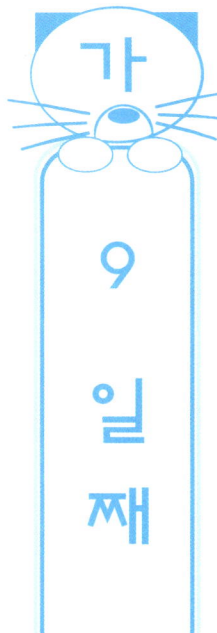

28	●	15	45	35		50	22	53	11	38
44			8				20	●		34
16							14		5	29
3								19	41	12
37							4	46	●	27
								13	32	2
21										
43	7				1			56		
18	47	25		39	48	57	6			58
51		30		23	40	42			36	26
24	33	55	17	49	9	52		54	10	

색깔 바꿔 그림 완성하기
(주황색 ⇒ 갈색 / 파란색 ⇒ 보라색 / 연두색 ⇒ 하늘색)

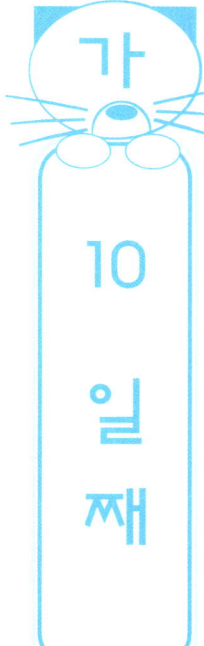

<가>단계 별이 모두 채워졌나요? <나>단계로 넘어가 보아요~

나

하루에 1개씩

활동을 마친 후 별표에 색칠해 보세요.
모든 별표에 색칠이 되었을 때 <다>단계로 넘어갈 수 있는 실력이 생깁니다.

11일째	12일째	13일째	14일째	15일째
☆	☆	☆	☆	☆
16일째	17일째	18일째	19일째	20일째
☆	☆	☆	☆	☆

마녀

나 11일째

16	29				12	17	20	5	
41						37		11	34
9					33	44	2	24	8
40			49						48
4	50	36							6
	32	1						43	14
15	51		30			18	22		28
42	19	26	39				27	31	7
13	45		3	21	10	46		25	35

1. 개수를 세어 ( )안에 적고, ○안에 큰 수부터 적어 보세요.

   분홍색 ▲ ⇒ ( )개
   주황색 ▲ ⇒ ( )개
   보라색 ▲ ⇒ ( )개

   ○ > ○ > ○

2. 수를 세고 계산하여 ( )안에 적으세요.

   갈색 ■ + 주황색 ■ + 노란색 ▲
   = ( )개

3. 알맞은 기호에 ○표시를 해 보세요.

   파란색 ▲ (+ / -) 노란색 ■
   (+ / -) 보라색 ■ = 10개

4. 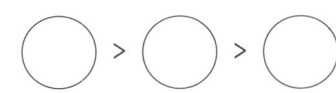 을 위쪽으로 뒤집으면 어떤 모양일까요? 그림 안에서 찾아 ○표시를 해 보세요.

5. 1~51 중에 빠진 숫자 2개 찾기 ( )

6. 홀수는 몇개? ( )개

7 스티커 페이지에서 그림을 찾아 오른쪽으로 2번 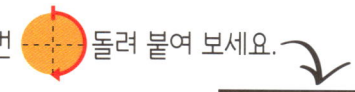 돌려 붙여 보세요.

빠진 곳 찾아 스티커 붙이기(3개)   그림 따라 색칠하고 숫자 쓰기 & 도형 그리기

♥ 스티커 페이지에 있는 스티커를 활용합니다.

꽃병

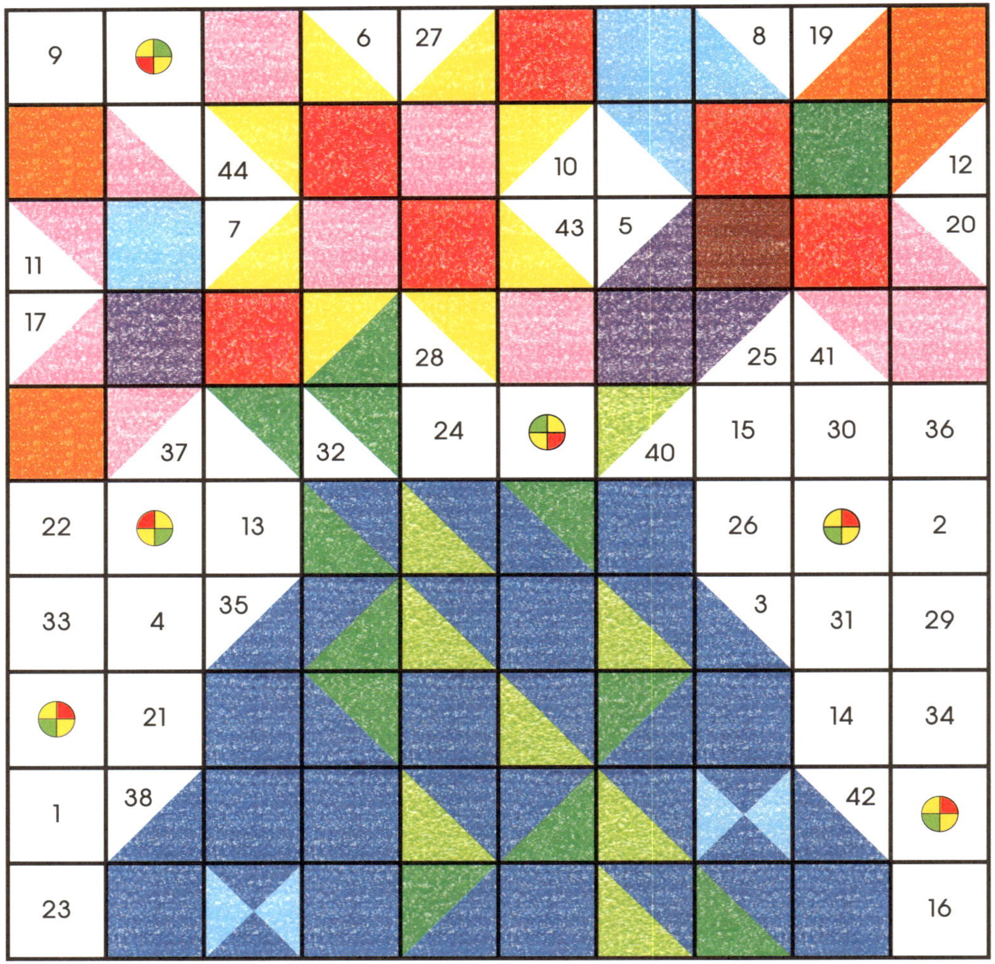

1. 개수를 세어 ( )안에 적고, ○안에 큰 수부터 적어 보세요.

   파란색 ■ ⇒ ( )개
   연두색 ▲ ⇒ ( )개
   하늘색 ▲ ⇒ ( )개

   ◯ > ◯ > ◯

2. 수를 세고 계산하여 ( )안에 적으세요.

   초록색 ▲ - 주황색 ■ - 분홍색 ■
   = ( )개

3. 알맞은 기호에 ○표시를 해 보세요.

   파란색 ▲ (+ / -) 빨간색 ■
   (+ / -) 하늘색 ■ = 15개

4. 을 왼쪽으로 뒤집으면 어떤 모양일까요? 그림 안에서 찾아 ○표시를 해 보세요.

5. 1~44 중에 빠진 숫자 2개 찾기 ( )

6. 홀수는 몇개? ( )개

나 12일째

7 스티커 페이지에서 그림을 찾아 왼쪽으로 3번  돌려 붙여 보세요.

빠진 곳 찾아·스티커 붙이기(3개)   그림 따라 색칠하고 숫자 쓰기 & 도형 그리기

♥ 스티커 페이지에 있는 스티커를 활용합니다.

장구

9		25		31	28	22	4	34	13
18	39	7	37		23	38	16		41
12	27		42	14	21	40	2	36	17

나 13일째

1. 개수를 세어 ( )안에 적고, ○안에 큰 수부터 적어 보세요.

   갈색 ■ ⇒ ( )개
   보라색 ▲ ⇒ ( )개
   노란색 ▲ ⇒ ( )개

   ○ > ○ > ○

2. 수를 세고 계산하여 ( )안에 적으세요.

   파란색 ▲ + 하늘색 ▲ + 갈 색 ▲
   = ( )개

3. 알맞은 기호에 ○표시를 해 보세요.

   주황색 ▲ (+ / -) 파란색 ■
   (+ / -) 빨간색 ■ = 13개

4. 을 오른쪽으로 뒤집으면 어떤 모양 일까요? 그림 안에서 찾아 ○표시를 해 보세요.

| 1 | 20 | 3 | 30 | 11 | 26 | | 19 | 8 | |
| | 5 | 35 | 24 | | 15 | 6 | 29 | 32 | 43 |

5. 1~43 중에 빠진 숫자 2개 찾기 ( )

6. 홀수는 몇개? ( )개

7 스티커 페이지에서 그림을 찾아 오른쪽으로 1번 돌려 붙여 보세요.

날짜 :

빠진 곳 찾아 스티커 붙이기(3개)

그림 따라 색칠하고 숫자 쓰기 & 도형 그리기

9	◆	25		31	28	22	4	34	13
18	39	7	37	◆	23	38	16	◆	41
12	27		42	14	21	40	2	36	
1	20	3	30	11	26		◆	19	8
◆	5	35	24	◆	15	6	29	32	43

♥ 스티커 페이지에 있는 스티커를 활용합니다.

앵무새

나 14일째

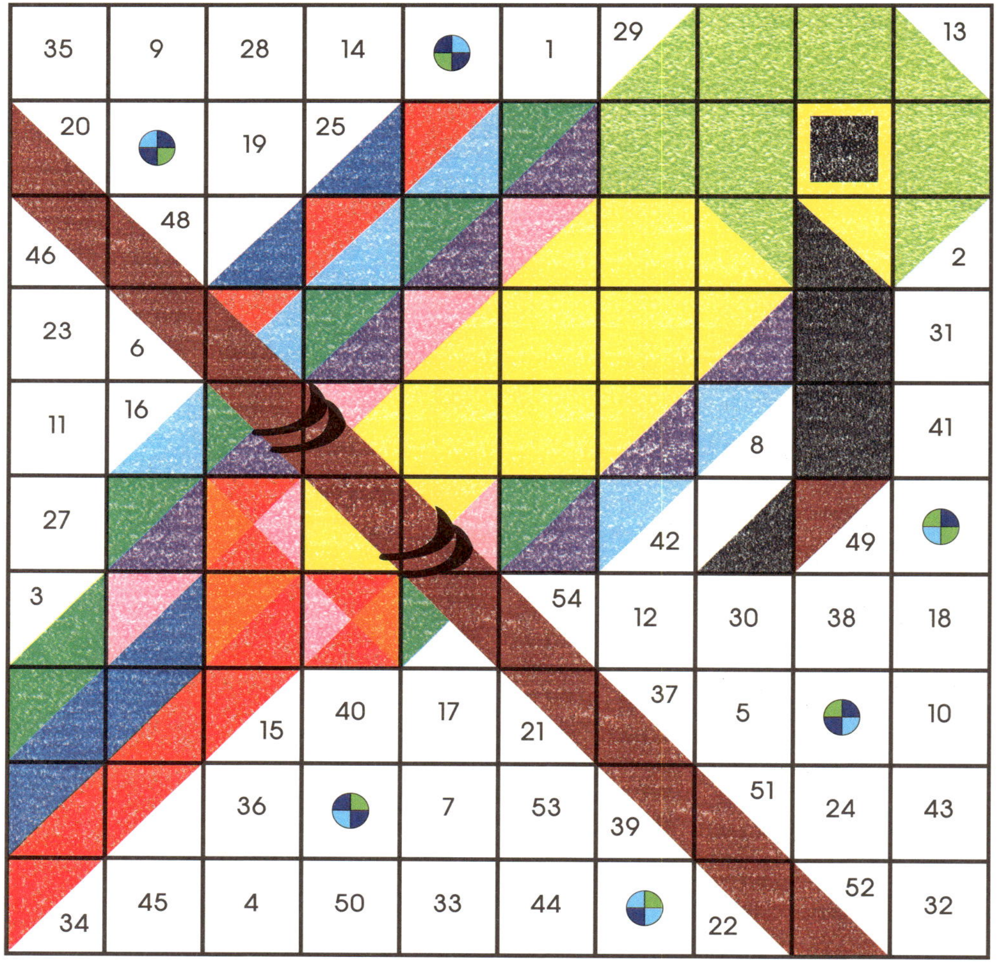

1. 개수를 세어 ( )안에 적고, ○안에 큰 수부터 적어 보세요.

   빨간색 ▲ ⇒ ( )개
   하늘색 ▲ ⇒ ( )개
   보라색 ▲ ⇒ ( )개

   ○ > ○ > ○

2. 수를 세고 계산하여 ( )안에 적으세요.

   갈색 ▲ - 연두색 ■ - 하늘색 ▲
   = ( )개

3. 알맞은 기호에 ○표시를 해 보세요.

   초록색 ▲ (+ / -) 검은색 ▲
   (+ / -) 주황색 ▲ = 14개

4. 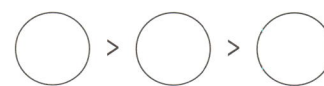 을 위쪽으로 뒤집으면 어떤 모양일까요? 그림 안에서 찾아 ○표시를 해 보세요.

5. 1~54 중에 빠진 숫자 2개 찾기 ( )

6. 홀수는 몇개? ( )개

7 스티커 페이지에서 그림을 찾아 왼쪽으로 4번  돌려 붙여 보세요.

날짜 :

♥ 스티커 페이지에 있는 스티커를 활용합니다.

리코더

1 개수를 세어 ( )안에 적고, ○안에 큰 수부터 적어 보세요.

주황색 ▲ ⇒ ( )개
노란색 ▲ ⇒ ( )개
파란색 ▲ ⇒ ( )개

◯ > ◯ > ◯

2 수를 세고 계산하여 ( )안에 적으세요.

노란색 ▲ + 보라색 ▲ + 하늘색 ▲
= ( )개

3 알맞은 기호에 ○표시를 해 보세요.

보라색 ▲ (+ / −) 분홍색 ■
(+ / −) 주황색 ▲ = 23개

4 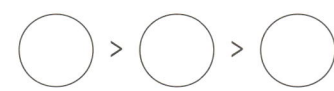을 왼쪽으로 뒤집으면 어떤 모양일까요? 그림 안에서 찾아 ○표시를 해 보세요.

5 1~70 중에 빠진 숫자 2개 찾기 ( )

6 홀수는 몇개? ( )개

나 15일째

7 스티커 페이지에서 그림을 찾아 오른쪽으로 3번  돌려 붙여 보세요.

빠진 곳 찾아 스티커 붙이기(3개)

그림 따라 색칠하고 숫자 쓰기 & 도형 그리기

♥ 스티커 페이지에 있는 스티커를 활용합니다.

문어

나 16일째

38	63	28	71	56	12	72	18		49	29	37
34		73	10	33	64	1	42	57	17	69	11
62	67	51	39	78					66	44	19
70	74	6	24						8		46
43										25	9
55	20										79
	5										35
61	76										59
45		7								13	41
47	26		2			30					3
36	75	15	53		31	48	60	50		77	54
27	52		21	58	14	40	65	4	16	22	32

1. 개수를 세어 ( )안에 적고, ○안에 큰 수부터 적어 보세요.

   노란색 ■ ⇒ ( )개
   하늘색 ▲ ⇒ ( )개
   초록색 ▲ ⇒ ( )개

   ○ > ○ > ○

2. 수를 세고 계산하여 ( )안에 적으세요.

   보라색 ▲ + 초록색 ▲ + 파란색 ■ = ( )개

3. 알맞은 기호에 ○표시를 해 보세요.

   파란색 ▲ (+ / -) 연두색 ▲ (+ / -) 검은색 ■ = 16개

4. 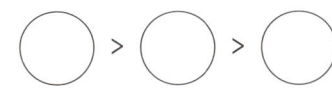을 위쪽으로 뒤집으면 어떤 모양일까요? 그림 안에서 찾아 ○표시를 해 보세요.

5. 1~79 중에 빠진 숫자 2개 찾기 ( )

6. 홀수는 몇개? ( )개

7 스티커 페이지에서 그림을 찾아 왼쪽으로 3번  돌려 붙여보세요.

빠진 곳 찾아 스티커 붙이기(3개)

그림 따라 색칠하고 숫자 쓰기 & 도형 그리기

♥ 스티커 페이지에 있는 스티커를 활용합니다.

기타

14	49	10	43	80	25	✖	34	5	71	18	
38	79	56	75	3	72	51	45	60			8
66	20	✖	68	42	22	44	76	16		13	55
29	1	63	23	74	32	77	7		2	81	37
✖	54	36	78	57					62	53	19
64	41	48	17					73	46		30
58	27							9	35	70	6
31								61	26		50
								39	59	65	
									67	4	✖
						40	83	24	47	52	
11					12	21	✖	82	15	28	

1 개수를 세어 ( )안에 적고, ○안에 큰 수부터 적어 보세요.

주황색 ■ ⇒ ( )개
분홍색 ▲ ⇒ ( )개
보라색 ■ ⇒ ( )개

○ > ○ > ○

2 수를 세고 계산하여 ( )안에 적으세요.

검은색 ▲ - 노란색 ■ - 분홍색 ▲
= ( )개

3 알맞은 기호에 ○표시를 해 보세요.

주황색 ▲ (+ / -) 하늘색 ■
(+ / -) 노란색 ▲ = 5개

4 ✖ 을 위쪽으로 뒤집으면 어떤 모양일까요? 그림 안에서 찾아 ○표시를 해 보세요.

5 1~83 중에 빠진 숫자 2개 찾기 ( )

6 홀수는 몇개? ( )개

나 17일째

7 스티커 페이지에서 그림을 찾아 오른쪽으로 4번  돌려 붙여 보세요.

빠진 곳 찾아 스티커 붙이기(3개)

그림 따라 색칠하고 숫자 쓰기 & 도형 그리기

♥ 스티커 페이지에 있는 스티커를 활용합니다.

사자

1. 개수를 세어 ( )안에 적고, ○안에 큰 수부터 적어 보세요.

   주황색 ▲ ⇒ (   )개
   노란색 ■ ⇒ (   )개
   갈색 ▲ ⇒ (   )개

   ○ > ○ > ○

2. 수를 세고 계산하여 ( )안에 적으세요.

   갈색 ■ + 주황색 ▲ + 빨간색 ▲ = (   )개

3. 알맞은 기호에 ○표시를 해 보세요.

   노란색 ■ (+ / −) 보라색 ▲ (+ / −) 파란색 ■ = 10개

4. 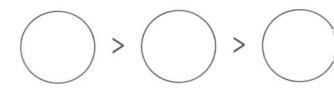 을 왼쪽으로 뒤집으면 어떤 모양일까요? 그림 안에서 찾아 ○표시를 해 보세요.

5. 1~69 중에 빠진 숫자 2개 찾기 (   )

6. 홀수는 몇개? (   )개

나 18일째

7 스티커 페이지에서 그림을 찾아 왼쪽으로 1번 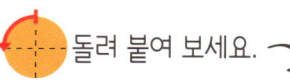 돌려 붙여 보세요.

 빠진 곳 찾아 스티커 붙이기(3개)

 그림 따라 색칠하고 숫자 쓰기 & 도형 그리기

♥ 스티커 페이지에 있는 스티커를 활용합니다.

색깔 바꿔 그림 완성하기
(보라색 ⇒ 파란색 / 갈색 ⇒ 보라색 / 파란색 ⇒ 하늘색)

색깔 바꿔 그림 완성하기
(보라색 ⇒ 분홍색 / 노란색 ⇒ 주황색 / 초록색 ⇒ 빨간색)

나 20일째

<나>단계 별이 모두 채워졌나요? <다>단계로 넘어가 보아요~

활동을 마친 후 별표에 색칠해 보세요.
모든 별표에 색칠이 되었을 때 3단계를 마칩니다.

21일째	22일째	23일째	24일째	25일째
☆	☆	☆	☆	☆
26일째	27일째	28일째	29일째	30일째
☆	☆	☆	☆	☆

램프

다 21 일째

62	15	87	95		86	27	72	85	28	71	14
88	33	99	34	91	49	90	82	26		52	61
53	92		16	55	41	81	7	65	70	19	42
93	73	25	48	94	8			60	2	66	36
17	97	67	3	98					22	79	
32		35	43							68	40
58	12										64
54	89	10									13
18	46	74	24							30	21
	75	1	44	5					23	47	4
59	11	57	38	50		96	6		9	51	
76	29	84	78	80	45	20	77	56	39	63	31

1 개수를 세어 ( )안에 적고, ○안에 큰 수부터 적어 보세요.

노란색 ■ ⇒ ( )개
갈색 ▲ ⇒ ( )개
분홍색 ▲ ⇒ ( )개
검은색 ▲ ⇒ ( )개

○ > ○ > ○ > ○

2 수를 세고 계산하여 ( )안에 적으세요.

검은색 ▲ − 연두색 ■ + 보라색 ▲
= ( )개

3 알맞은 기호에 ○표시를 해 보세요.

노란색 ▲ (+ / −) 하늘색 ■
(+ / −) 주황색 ■ = 12개

4 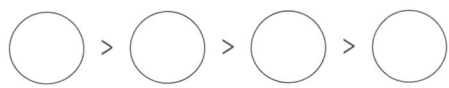 을 오른쪽으로 뒤집으면 어떤 모양 일까요? 그림 안에서 찾아 ○표시를 해 보세요.

5 1~99 중에 빠진 숫자 3개 찾기 ( )

6 짝수는 ( )개 / 홀수는 ( )개

7 스티커 페이지에서 그림을 찾아 오른쪽으로 2번 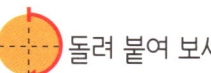 돌려 붙여 보세요.

날짜 :

그림 따라 색칠하고 숫자 쓰기 & 도형 그리기

♥ 스티커 페이지에 있는 스티커를 활용합니다.

독수리

19	84	71	14	77	88	48	23	4		21	
82		1	63	47	55				83		
									80	69	8	56
46	81	33	76	89				38	64	3	12
87	18	57	49					61	91	54	17
	52	45	22	32	13		40	72		62
10	34	58	78	68	39			9	74	37
27	75		6	30					24	60
44	73	65	85	90						5
79	29	26	20	59						15
35	67	70	92	50	11					
36	16	51		43	2	41	28	25	42	7	66

[1] 개수를 세어 ( )안에 적고, ○안에 큰 수부터 적어 보세요.

파란색 ■ ⇒ ( )개
주황색 ▲ ⇒ ( )개
빨간색 ▲ ⇒ ( )개
분홍색 ▲ ⇒ ( )개

○ > ○ > ○ > ○

[2] 수를 세고 계산하여 ( )안에 적으세요.

파란색 ▲ + 빨간색 ▲ - 갈색 ■
= ( )개

[3] 알맞은 기호에 ○표시를 해 보세요.

보라색 ▲ (+ / -) 연두색 ▲
(+ / -) 파란색 ■ = 13개

[4] 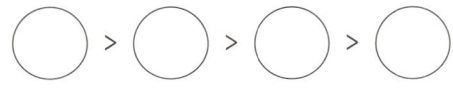 을 오른쪽으로 뒤집으면 어떤 모양 일까요? 그림 안에서 찾아 ○표시를 해 보세요.

[5] 1~92 중에 빠진 숫자 3개 찾기 (, ,)

[6] 짝수는 ( )개 / 홀수는 ( )개

다 22 일째

7 스티커 페이지에서 그림을 찾아 왼쪽으로 1번  돌려 붙여 보세요.

빠진 곳 찾아 스티커 붙이기(4개)   그림 따라 색칠하고 숫자 쓰기 & 도형 그리기

♥ 스티커 페이지에 있는 스티커를 활용합니다.

가마

1. 개수를 세어 ( )안에 적고, ○안에 큰 수부터 적어 보세요.

   주황색 ▲ ⇒ (   )개
   파란색 ▲ ⇒ (   )개
   갈색 ■ ⇒ (   )개
   분홍색 ▲ ⇒ (   )개

   ◯ > ◯ > ◯ > ◯

2. 수를 세고 계산하여 ( )안에 적으세요.

   주황색 ■ + 빨간색 ▲ - 보라색 ▲
   = (   )개

3. 알맞은 기호에 ○표시를 해 보세요.

   갈색 ■ (+ / -) 초록색 ▲
   (+ / -) 노란색 ▲ = 15개

4. 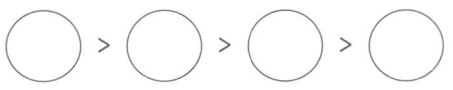 을 아래쪽으로 뒤집으면 어떤 모양일까요? 그림 안에서 찾아 ○표시를 해 보세요.

5. 1~45 중에 빠진 숫자 3개 찾기 (,   ,   )

6. 짝수는 (   )개 / 홀수는 (   )개

다 23 일째

7 스티커 페이지에서 그림을 찾아 오른쪽으로 4번  돌려 붙여 보세요.

날짜 :

빠진 곳 찾아 스티커 붙이기(4개)

그림 따라 색칠하고 숫자 쓰기 & 도형 그리기

♥ 스티커 페이지에 있는 스티커를 활용합니다.

코끼리

다 24 일째

1. 개수를 세어 ( )안에 적고, ○안에 큰 수부터 적어 보세요.

   검은색 ▲ ⇒ ( )개
   파란색 ■ ⇒ ( )개
   하늘색 ■ ⇒ ( )개
   갈색 ■ ⇒ ( )개

   ○ > ○ > ○ > ○

2. 수를 세고 계산하여 ( )안에 적으세요.

   파란색 ▲ - 갈색 ■ + 검은색 ▲ = ( )개

3. 알맞은 기호에 ○표시를 해 보세요.

   하늘색 ▲ (+ / -) 분홍색 ▲
   (+ / -) 갈색 ▲ = 24개

4. 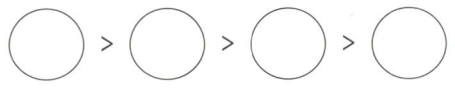 을 왼쪽으로 뒤집으면 어떤 모양일까요? 그림 안에서 찾아 ○표시를 해 보세요.

5. 1~57 중에 빠진 숫자 3개 찾기 (, ,)

6. 짝수는 ( )개 / 홀수는 ( )개

7 스티커 페이지에서 그림을 찾아 왼쪽으로 3번 돌려 붙여 보세요.

빠진 곳 찾아 스티커 붙이기(4개)

그림 따라 색칠하고 숫자 쓰기 & 도형 그리기

♥ 스티커 페이지에 있는 스티커를 활용합니다.

날짜 :

고슴도치

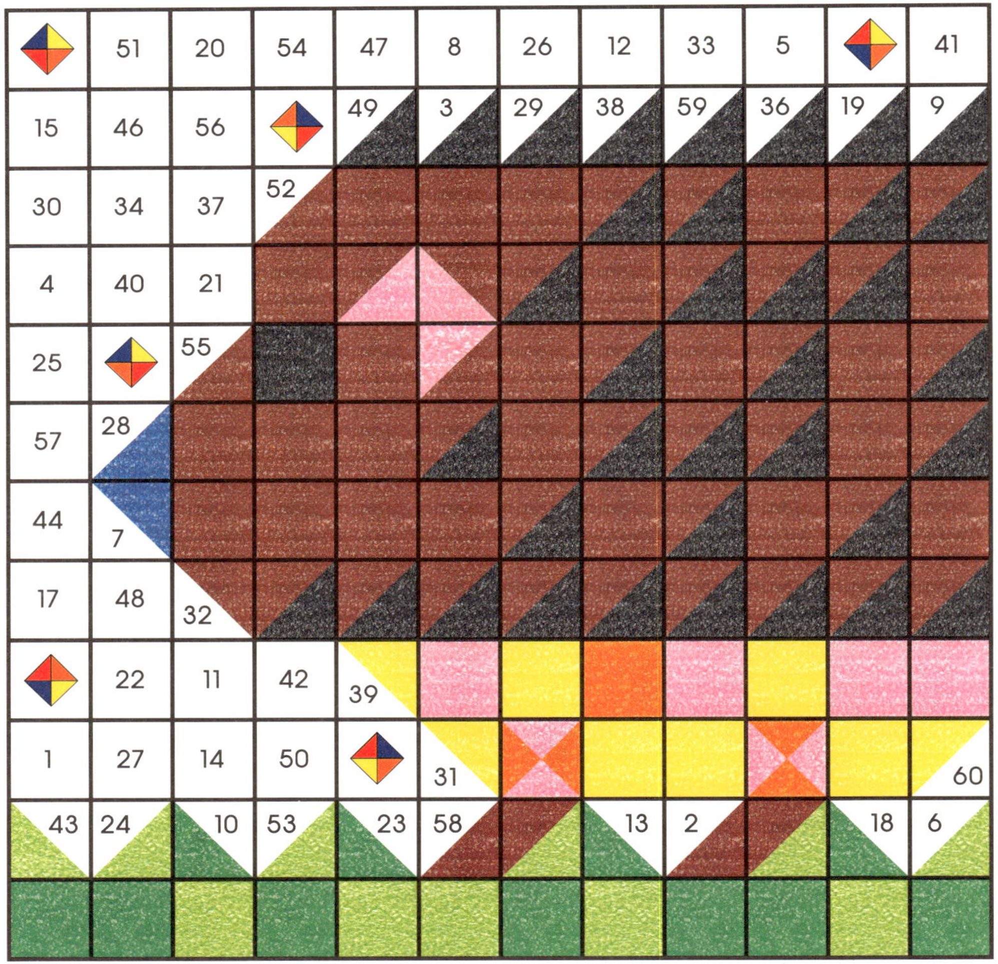

1 개수를 세어 ( )안에 적고, ○안에 큰 수부터 적어 보세요.

갈색 ■ ⇒ ( )개
분홍색 ▲ ⇒ ( )개
검은색 ▲ ⇒ ( )개
연두색 ▲ ⇒ ( )개

◯ > ◯ > ◯ > ◯

2 수를 세고 계산하여 ( )안에 적으세요.

갈색 ▲ + 초록색 ■ − 검은색 ▲
= ( )개

3 알맞은 기호에 ○표시를 해 보세요.

갈색 ■ (+ / −) 분홍색 ■
(+ / −) 노란색 ■ = 24개

4 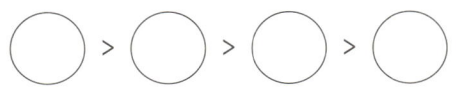 을 왼쪽으로 뒤집으면 어떤 모양일까요? 그림 안에서 찾아 ○표시를 해 보세요.

5 1~60 중에 빠진 숫자 3개 찾기 (, ,)

6 짝수는 ( )개 / 홀수는 ( )개

7 스티커 페이지에서 그림을 찾아 오른쪽으로 1번 돌려 붙여 보세요.

빠진 곳 찾아 스티커 붙이기(4개)

그림 따라 색칠하고 숫자 쓰기 & 도형 그리기

날짜 :

캥거루

1. 개수를 세어 ( )안에 적고, ○안에 큰 수부터 적어 보세요.

   노란색 ▲ ⇒ (　　)개
   갈색 ■ ⇒ (　　)개
   보라색 ▲ ⇒ (　　)개
   갈색 ▲ ⇒ (　　)개

   ○ > ○ > ○ > ○

2. 수를 세고 계산하여 ( )안에 적으세요.

   연두색 ▲ + 갈색 ▲ - 분홍색 ▲
   = (　　)개

3. 알맞은 기호에 ○표시를 해 보세요.

   갈색 ▲ (+ / -) 파란색 ▲
   (+ / -) 갈색 ■ = 40개

4. 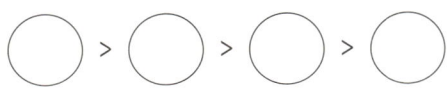을 위쪽으로 뒤집으면 어떤 모양일까요? 그림 안에서 찾아 ○표시를 해 보세요.

5. 1~99 중에 빠진 숫자 3개 찾기 (　 , 　 , 　)

6. 짝수는 (　　)개 / 홀수는 (　　)개

다 26일째

7 스티커 페이지에서 그림을 찾아 왼쪽으로 4번 돌려 붙여 보세요.

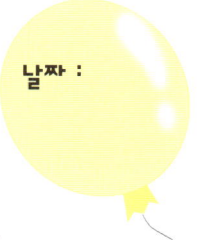

빠진 곳 찾아 스티커 붙이기(4개)

그림 따라 색칠하고 숫자 쓰기 & 도형 그리기

♥ 스티커 페이지에 있는 스티커를 활용합니다.

호랑이

1. 개수를 세어 ( )안에 적고, ○안에 큰 수부터 적어 보세요.

    검은색 ▲ ⇒ (　　　)개
    노란색 ■ ⇒ (　　　)개
    갈색 ■ ⇒ (　　　)개
    주황색 ■ ⇒ (　　　)개

    ○ > ○ > ○ > ○

2. 수를 세고 계산하여 ( )안에 적으세요.

    갈색 ▲ + 노란색 ■ − 검은색 ▲
    = (　　　)개

3. 알맞은 기호에 ○표시를 해 보세요.

    주황색 ▲ (+ / −) 노란색 ▲
    (+ / −) 검은색 ■ = 39개

4. 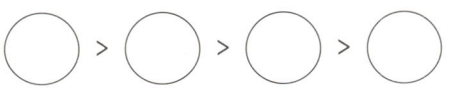 을 왼쪽으로 뒤집으면 어떤 모양일까요? 그림 안에서 찾아 ○표시를 해 보세요.

5. 1~54 중에 빠진 숫자 3개 찾기 (　　,　　,　　)

6. 짝수는 (　　)개 / 홀수는 (　　)개

다 27일째

56

7 스티커 페이지에서 그림을 찾아 오른쪽으로 2번 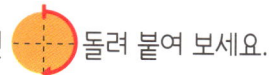 돌려 붙여 보세요.

빠진 곳 찾아 스티커 붙이기(4개)

그림 따라 색칠하고 숫자 쓰기 & 도형 그리기

♥ 스티커 페이지에 있는 스티커를 활용합니다.

악어

22	39	35	16	43	12	74	8	52	26		63
72	5	67	1	77	71	28		66	32	41	21
	61	29	53	75	10	76	47	14	34	79	11
31						57	51	49	70		78
										38	65
											30
	58	27	7	80	56	36					
	20	48		33	45	2					
23		64	40	17							
59		54				9	15	55	44	4	37
50	3	24	69	42	60	18	62		68	6	19

1 개수를 세어 ( )안에 적고, ○안에 큰 수부터 적어 보세요.

초록색 ■ ⇒ (   )개
갈색 ▲ ⇒ (   )개
검은색 ▲ ⇒ (   )개
연두색 ▲ ⇒ (   )개

◯ > ◯ > ◯ > ◯

2 수를 세고 계산하여 ( )안에 적으세요.

초록색 ▲ − 연두색 ■ + 검은색 ▲
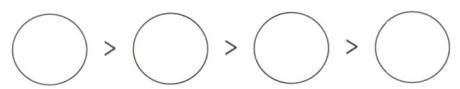
= (   )개

3 알맞은 기호에 ○표시를 해 보세요.

연두색 ■ (+ / −) 주황색 ■
(+ / −) 초록색 ▲ = 33개

4 ▦을 오른쪽으로 뒤집으면 어떤 모양일까요? 그림 안에서 찾아 ○표시를 해 보세요.

5 1~80 중에 빠진 숫자 3개 찾기 (,   ,   )

6 짝수는 (   )개 / 홀수는 (   )개

7 스티커 페이지에서 그림을 찾아 왼쪽으로 2번 돌려 붙여 보세요.

빠진 곳 찾아 스티커 붙이기(4개)   그림 따라 색칠하고 숫자 쓰기 & 도형 그리기

♥ 스티커 페이지에 있는 스티커를 활용합니다.

색깔 바꿔 그림 완성하기
(분홍색 ⇒ 노란색 / 갈색 ⇒ 하늘색 / 파란색 ⇒ 초록색)

다 29일째

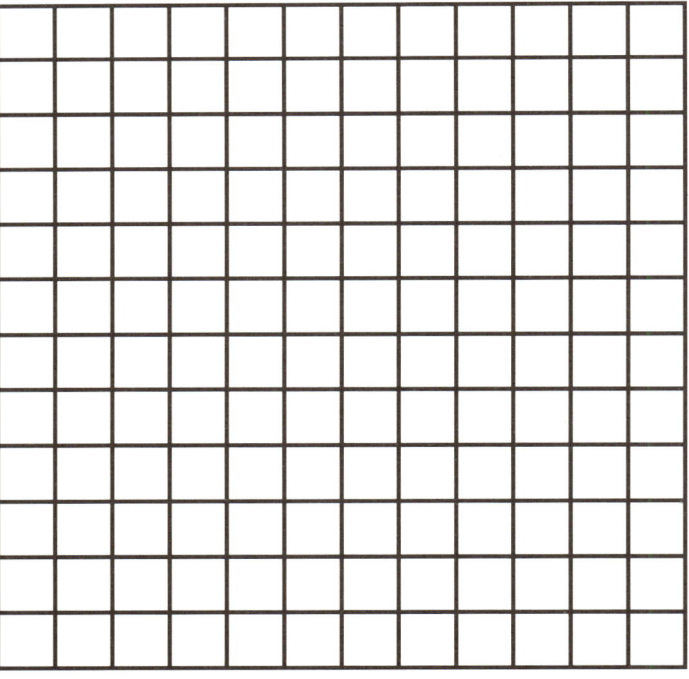

색깔 바꿔 그림 완성하기
(보라색 ⇒ 주황색 / 노란색 ⇒ 초록색 / 연두색 ⇒ 분홍색)

짝짝짝! 1~3단계를 모두 마쳤군요~ 앞으로도 꾸준히 집중력을 높여 보아요^^

정답

1일째 해바라기 (4~5쪽)
1. 4, 8, ⑧, ④
2. 6
3. (+)
4.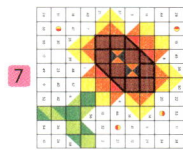
5. 31
6. 29
7.

2일째 한복 (6~7쪽)
1. 8, 10, ⑩, ⑧
2. 6
3. (+)
4.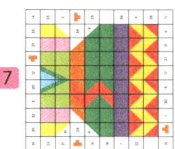
5. 16
6. 17
7.

3일째 시계 (8~9쪽)
1. 6, 4, ⑥, ④
2. 10
3. (−)
4.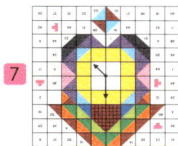
5. 27
6. 27
7.

4일째 칫솔과 치약 (10~11쪽)
1. 6, 4, ⑥, ④
2. 12
3. (−)
4.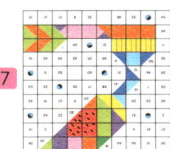
5. 53
6. 32
7.

5일째 낙타 (12~13쪽)
1. 9, 4, ⑨, ④
2. 10
3. (+)
4.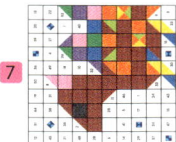
5. 42
6. 25
7.

6일째 펭귄 (14~15쪽)
1. 7, 10, ⑩, ⑦
2. 3
3. (+)
4.
5. 40
6. 24
7.

7일째 돼지 (16~17쪽)
1. 10, 5, ⑩, ⑤
2. 18
3. (−)
4.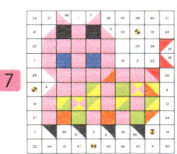
5. 36
6. 24
7.

8일째 다리 (18~19쪽)
1. 10, 8, ⑩, ⑧
2. 16
3. (−)
4.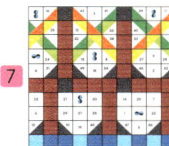
5. 44
6. 23
7.

9일째 색깔 바꾸기 (20쪽)
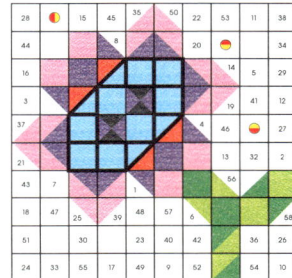

10일째 색깔 바꾸기 (21쪽)
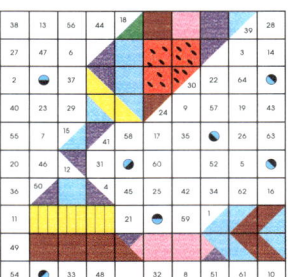

11일째 마녀 (24~25쪽)
1. 18, 7, 21, ㉑, ⑱, ⑦
2. 11
3. (−), (−)
4.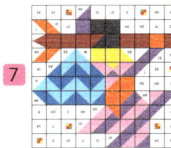
5. 23, 38
6. 25
7.

12일째 화병 (26~27쪽)
1. 11, 8, 6, ⑪, ⑧, ⑥
2. 3
3. (−), (−)
4.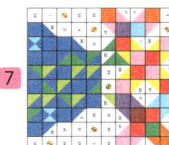
5. 18, 39
6. 21
7.

13일째 장구 (28~29쪽)
1. 12, 8, 15, ⑮, ⑫, ⑧
2. 22
3. (−), (−)
4.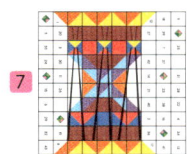
5. 10, 33
6. 21
7.

14일째 앵무새 (30~31쪽)
1. 13, 6, 8, ⑬, ⑧, ⑥
2. 7
3. (+), (+)
4.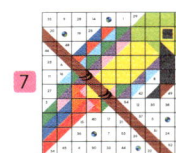
5. 26, 47
6. 26
7.

15일째 리코더 (32~33쪽)
1. 13, 15, 8, ⑮, ⑬, ⑧
2. 30
3. (+), (+)
4.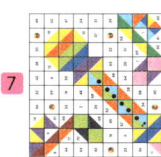
5. 29, 67
6. 33
7.

정답

16일째 문어 (34~35쪽)
1. 13, 10, 8, ⑬, ⑩, ⑧
2. 30
3. (-), (-)
4.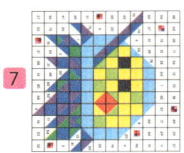
5. 23, 68
6. 39
7.

17일째 기타 (36~37쪽)
1. 12, 8, 9, ⑫, ⑨, ⑧
2. 7
3. (-), (-)
4.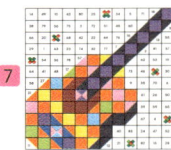
5. 33, 69
6. 40
7.

18일째 사자 (38~39쪽)
1. 12, 14, 30, ㉚, ⑭, ⑫
2. 40
3. (-), (-)
4.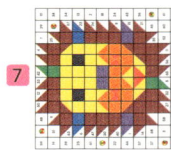
5. 17, 53
6. 33
7.

19일째 색깔 바꾸기 (40쪽)
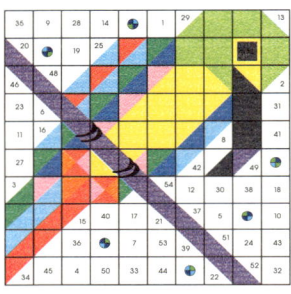

20일째 색깔 바꾸기 (41쪽)
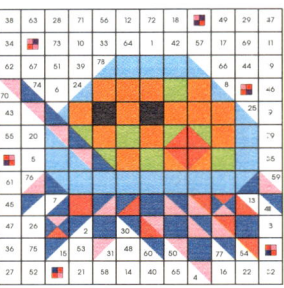

21일째 램프 (44~45쪽)
1. 9, 12, 5, 16, ⑯, ⑫, ⑨, ⑤
2. 17
3. (+), (-)
4.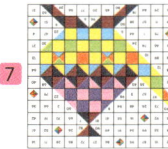
5. 37, 69, 83
6. 49, 47
7.

22일째 독수리 (46~47쪽)
1. 11, 9, 15, 7, ⑮, ⑪, ⑨, ⑦
2. 20
3. (-), (+)
4.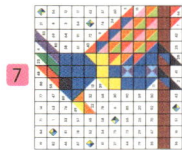
5. 31, 53, 86
6. 45, 44
7.

23일째 가마 (48~49쪽)
1. 27, 7, 15, 10, ㉗, ⑮, ⑩, ⑦
2. 8
3. (+), (-)
4.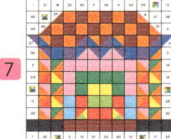
5. 19, 33, 41
6. 22, 20
7.

24일째 코끼리 (50~51쪽)
1. 5, 22, 28, 8, ㉘, ㉒, ⑧, ⑤
2. 19
3. (+), (-)
4.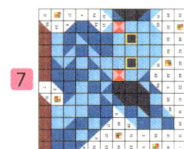
5. 14, 38, 47
6. 26, 28
7.

25일째 고슴도치 (52~53쪽)
1. 23, 7, 36, 6, ㊱, ㉓, ⑦, ⑥
2. 9
3. (-), (+)
4.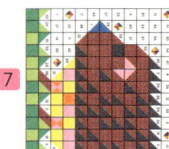
5. 16, 35, 45
6. 29, 28
7.

26일째 캥거루 (54~55쪽)
1. 9, 11, 7, 34, ㉞, ⑪, ⑨, ⑦
2. 36
3. (-), (+)
4.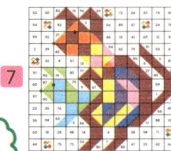
5. 25, 43, 68
6. 48, 48
7.

27일째 호랑이 (56~57쪽)
1. 35, 8, 12, 13, ㉟, ⑬, ⑫, ⑧
2. 9
3. (-), (+)
4.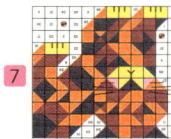
5. 15, 32, 43
6. 26, 25
7.

28일째 악어 (58~59쪽)
1. 10, 36, 9, 20, ㊱, ⑳, ⑩, ⑨
2. 32
3. (-), (+)
4.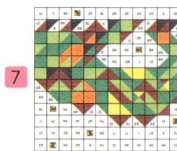
5. 25, 46, 73
6. 39, 38
7.

29일째 색깔 바꾸기 (60쪽)
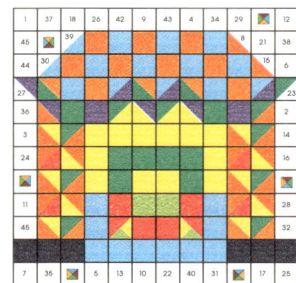

30일째 색깔 바꾸기 (61쪽)
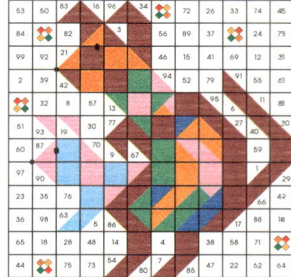

해당 그림을 찾아 보세요.~^^

 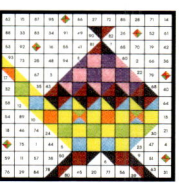 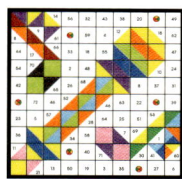 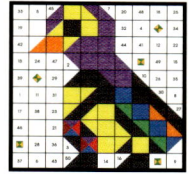 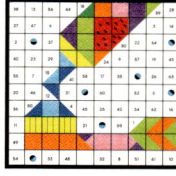 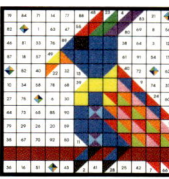 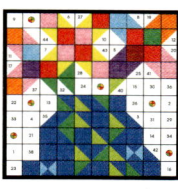 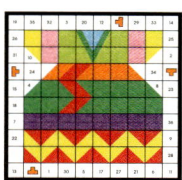

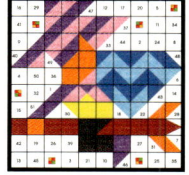 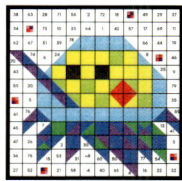 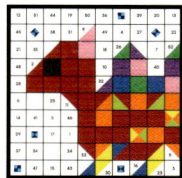 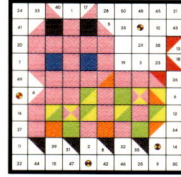 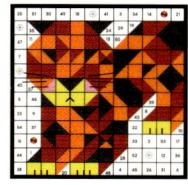 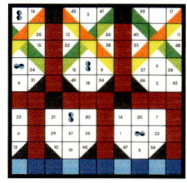 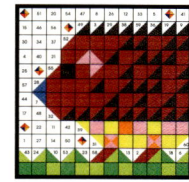 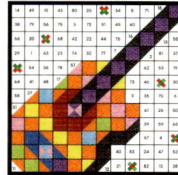

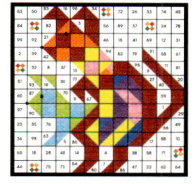 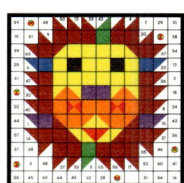 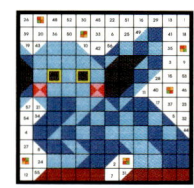 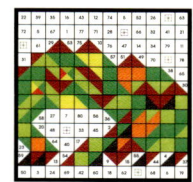 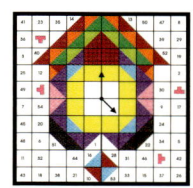 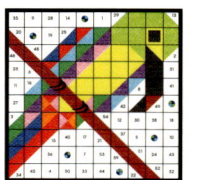 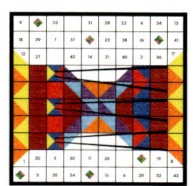 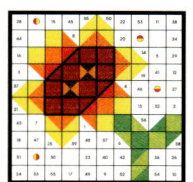

10칸 × 10칸

12칸 ×12칸